JEAN BÉHUE

LE MONDE EN PETIT ET LA VIE EN GRAND

PROMENADE EN NOUVELLE-ZÉLANDE

ISBN : 978-2-9548345-2-8

Comme une danse qui n'a aucun sens

Comme une danse qui n'a aucun sens, la vieille Maori traverse la rue à la rencontre des voitures, la silhouette massive sautillant dans un vieux jogging trop grand. Un coup de jet sur la vitre arrière comme un voile de fumée sur un carrosse immaculé. Le conducteur est piégé, il ne peut qu'entrevoir par son rétroviseur la feinte d'une guerrière en pays urbain. Elle longe la voiture, se fait de plus en plus massive, asperge le rétroviseur, efface son reflet, et finit son ballet en tendant la main à un conducteur pieds et poings liés. Une pièce dans la poche, comme le signe d'une espèce d'immortalité. Impossible de la faire décamper. Le quartier du Burger King, c'est le sien, et rien ne pourra l'en déloger. Et qui oserait ? L'Indien qui tient la taverne Coca-Cola ? Le Chinois, trop adroit pour ne pas filer droit ? Non, tout le monde sait, au fond, qu'elle est là chez elle. C'est son territoire.

Un iPod en écho à sa génération

Un iPod en écho à sa génération. Un T-shirt gravé de graffitis chinois ou nippons, comme le tatouage d'un changement de civilisation. Mais le regard fier et fort, forgé au fil des générations. Et le pied qui démange et flirte avec le goudron. Implorant le King de la chanson. Appelant à la libération.

Un ballon de basket qui dévale le trottoir

Un ballon de basket qui dévale le trottoir. La foule s'écarte, ouvre grands les yeux, reste bouche bée, manque de trébucher. Il ne fait que passer. Telle une fusée. Piloté d'une force et d'une agilité parfaitement maîtrisés. Un jeune Maori joue au bowling avec les passants. Avale la vie en fauteuil roulant.

Rien ne la distingue de la tribu des Paris Hilton

Rien ne la distingue de la tribu des Paris Hilton. Une petite veste en jean joliment cintrée. Un visage caramel finement ciselé, naturellement rehaussé. Un pantalon noir moulant. Mais des pieds à l'air libre. Qui flottent sur leurs tongs en attendant le grand plongeon dans le lagon.

Le spectre Maori a fier et grande stature

Le spectre Maori a fier et grande stature. Sauf lorsqu'au pied d'une banque anglaise, on l'a pétrifié. Là, il est dominé d'une éternité, et rappelle aux jeunes enragés qu'ils ont bel et bien gagné. HSBC.

Deux touristes sont surpris

Deux touristes sont surpris par le vent tailladant du soleil couchant. Ils enfilent leurs jolis coupe-vents, et s'emmitouflent dans les plis rassurant du grand Maori. A travers le silence du vent, ils semblent tout à coup percer le monde d'un regard vivant.

Dans son uniforme, l'écolière Maori

Dans son uniforme, l'écolière Maori a quelque chose de paysan. Un bronzage à se damner ne saurait effacer des mollets charpentés pour arpenter les chemins ensablés. A la recherche de quoi manger, ou simplement du fiancé parti chasser aux fins fonds d'une végétation encombrée. Alors oui, que voulez-vous, il faut bien qu'elle tire dessus cette jeune fille, sur cette jupe trop serrée qui voudrait lui faire dire qu'elle est intégrée. Non, non, elle ne rêve que de l'enlever. De l'heure où, sortie de l'école, elle se précipitera dans sa chambre pour enfiler la plus merveilleuse de ses fiertés. Celle qui sait lui enlever le plus beau sourire une fois enfilée.

Elle est partie la fleur au fusil

Elle est partie la fleur au fusil chercher un emploi. Elle a affronté les regards et les confessions de ceux qui font la charité. Alors, elle est partie dans le royaume des Hommes. Droit dans les yeux, elle a présenté au portier son laissez-passer, puis est partie se changer. Au volant de son gros bus, elle mène son monde. Une fleur au poignet comme premier passager, comme pour défier cette Modernité qui voudrait l'avaler.

Il y a de l'Asie dans le visage Maori

Il y a de l'Asie dans le visage Maori. Pommettes relevées, sourcils finement ciselés et quelques recoins que l'on devine cajolés. Mais un squelette qui cherche à percer cette peau de bébé. Une perle bien cachée au fond des légendes dorées.

Il y a tout de l'Anglais dans ces lunettes cerclées

Il y a tout de l'anglais dans ces lunettes cerclées. Il vous a vu et pourtant détourne aussitôt le regard. Pour mieux vous déshabiller. Mais cher ami, ne vous mettez pas en peine. Vous marchez à nu. Votre pas pressé comme votre sac à dos d'ado sont des gyrophares qui hurlent votre identité. Vous êtes professeur d'université !

La mémé anglaise est une denrée qui s'exporte bien

La mémé anglaise est une denrée qui s'exporte bien. Toujours avec le même coupe-vent, et son brushing de palais, elle défie les passants en les ignorant. Elle est comme ça la mémé anglaise. Même sans sceptre ni couronne, elle gouverne. C'est un peu comme si en elle coulait un peu du sang de la reine.

Un sac Chanel évidemment

Un sac Chanel évidemment. Un pantalon noir et un chemisier blanc. Nécessairement. Et puis des cheveux ficelés comme une balle de foin. Un pas campagnard que l'on remarque de loin. La Néo-Zélandaise n'est pas une dame de cour. Non, elle court, court et court dans sa basse-cour.

Un pas lent et assuré

Un pas lent et assuré. Celui de l'orang-outang qui vit hors du temps. Le backpacker du début d'année semble maintenant chez lui dans le mouvement. Discutant calmement avec un passant, il marche barbe au vent. Au milieu de sa jungle, il avance et vous inonde d'un regard profond et bienveillant.

A l'ombre de l'agitation, Robinson lit dans son camion

A l'ombre de l'agitation, Robinson lit dans son camion. Face à la baie, son regard clair ne supporte plus que l'horizon; il ne prête plus attention aux joggers pris dans leur frénétique tourbillon. Notre compagnon n'est pourtant pas coupé de la population. Il lit avec attention le journal de la Nation, en se demandant comment il pourra rejoindre la civilisation sans perdre le droit de porter la barbe du Lion.

Il est 13h. Ils se retrouvent tous chez le Chinois

Il est 13h. Ils se retrouvent tous chez le Chinois. Avec leurs grosses bottes et leurs combinaisons de Poséidon, les vieux loups de mer remplissent l'entrée d'une ombre de géants. Aussitôt, ils sont accueillis par deux estampes dont le cadre noir dépasse à peine le comptoir. La scène se répète et se répète, rythmée par la fée clochette du tiroir à piécettes. Il y a de la joie dans cette cuisine improvisée. Celle d'une famille d'immigrés qui se lève chaque matin sans jamais se coucher. Celle du travailleur généreusement servi, qui se retient de ne pas dire « Oh maman, merci ! » Celle enfin d'un port qui a retrouvé ses attaches.

La bière à la main pour se donner de la consistance

La bière à la main pour se donner de la consistance, il désigne la carte de son pays. Cette petite maison qui l'a vu naître et qui, sous le papier, fourmille de vie. La vie de sa chère Italie. Difficile de tout quitter dans l'espoir de tout trouver, lorsque l'on ne sait pas encore qui l'on est. Au fil de la soirée, on risque de s'enfoncer dans les sables mouvants de la télé, pour finalement paraître échoué. Abandonné.

Cinq boutons en guise de galons

Cinq boutons en guise de galons lui donnaient un je-ne-sais-quoi de moussaillon. On l'aurait bien imaginée sur l'une de ces coquilles de noix, sillonnant en chantant les routes du Pacifique ou de la Soie. Mais elle est là, et n'arrive pas à décoller. Il lui manque un bouton. Un galon.

De la pierre volcanique

De la pierre volcanique pour rappeler aux Britanniques qu'ils ne sont pas en terre de brique. Ici le feu ne couve pas dans la cheminée, oh non, il lutte à pleins poumons contre l'océan. Lequel gagnera forcément. L'océan.

Le maître a sifflé

Le maître a sifflé. Deux petits shorts bleus rejoignent avec légèreté la ronde des élèves disciplinés. Un garçonnet passe son bras autour de la tête de son ami blondinet. Qu'il effleure sans y penser. Sur le terrain de leurs aînés, ils seraient dévisagés, déculottés. Ici, ils ne font que jouer. Ils aiment le rugby.

Quand on les voit jouer nus pieds

Quand on les voit jouer nus pieds, on ne s'étonne pas qu'ils puissent un jour gagner. Ils ont appris à faire partie du terrain avant de faire partie d'une équipe. Alors la danse et les cris de guerre, je veux bien, mais c'est juste un plus pour faire peur aux minus !

Une barrière d'un blanc immaculé

Une barrière d'un blanc immaculé pour nous séparer d'un vaste marais. Nous voilà bien en pays anglais !

Quel délice que ces grandes pelouses à l'anglaise

Quel délice que ces grandes pelouses à l'anglaise. On s'y précipiterait pour faire mille et une cabrioles. Et plouf ! Vous voilà éclaboussé, enseveli des doigts de pieds au béret. Il ne vous reste plus qu'à vous jeter dans la mêlée. Et à jouer au ballon...sans les pieds s'il vous plaît !

Il aime s'installer en hauteur

Il aime s'installer en hauteur, dans un coin des gradins. Là il peut observer ceux qui courent, jouent ou ne font que passer leur chemin. Il est quelquefois absent. Mais ce n'est pas pour longtemps. Il est toujours dans le quartier. Posé sur un banc et, le plus souvent, allongé sur le gazon frais, le visage au vent. Quand on le surprend, il a toujours le sourire accueillant. Même pour ceux qui claquent vite fait leur paravent, et s'en vont le regard fuyant. C'est qu'il n'a pas la bonne mine. Il n'est pas de ceux qui triment. Simplement de ceux qui riment. Il joue au poète et ça embête. Mais lui, il ne fait pas la tête. Non, car sous ses airs de tout-sauf-un-gendre, il a quelque chose qu'on ne peut lui prendre. Cette terre qui n'est pas la sienne et qui pourtant lui appartient. C'est le gardien.

L'aventurier atterrit à Auckland avec l'espoir de ne pas y rester

L'aventurier atterrit à Auckland avec l'espoir de ne pas y rester. Pressé, il cherche le pub branché et un supermarché pour ses piles usagées. Et après quelques photos sur un paysage cliché, il se croît prêt à dominer les mille et une baies d'une centaine de pieds. Qu'il a tort de ne pas enfiler ses chaussures de randonnée. Il découvrirait au fil des sommets la vie de quartier d'une campagne civilisée.

Un goudron parfait pour une allée qui a tout pour attirer

Un goudron parfait pour une allée qui a tout pour attirer. Ce n'est pas Auckland, ce serait plutôt L.A. Et puis, une couche déchirée sur un gazon mal découpé. Un vieil homme qui vient de se moucher et, relève la tête pour vous saluer. Une voiture à qui il manque une roue, et puis une autre, tout juste bonne à enterrer. Des façades brûlées pour des foyers que l'on imagine brisés. Au milieu de cette contrée ravagée, une petite fille aux cheveux dorés et à la peau tannée. Une veste orange éclatante de vérité. Le soleil levant d'un peuple qui sort de sa réserve. Kupe North Reserve.

Comme le plus insolent des étrangers

Comme le plus insolent des étrangers, l'aventurier porte un blouson bariolé que personne ne peut ignorer. Tout le monde le sait, il est là. Mais personne ne saurait le regarder avant qu'il n'ouvre son porte-monnaie. C'est qu'il n'a pas compris qu'ici, chacun travaille pour mieux s'intégrer. Qu'il s'agisse de l'immigré fraîchement débarqué ou du retraité peu fortuné, chacun imprime jour après jour son empreinte dans le béton encore frais. Tandis que les grosses chaussures de randonnée paraissent écraser.

Jésus est là

Jésus est là. A chaque coin de rue, il vous ouvre les bras, prêt à vous montrer la voie. Il n'y a rien à faire. La jeunesse ne parle que de business. Je parie que tout le monde est croyant. On devine leurs prières.

Des cheveux blonds, des cheveux gris

Des cheveux blonds, des cheveux gris. On connaît la chanson. C'est à peine s'il y a un Maori parmi tous les candidats à la mairie. Et pourtant, sur le chemin du bol de riz, c'est madame qui conduit. La parité. La vraie. La voici.

Une voiture noire

Une voiture noire. Comme n'importe où. Qui ne vient pas de n'importe où. D'Allemagne. Et puis des pétales de fleurs. Collés sur sa robe par l'humidité. Comme un collier vahiné. Pour souhaiter la bienvenue à l'étranger. Et adoucir son tempérament trop carré.

Le panneau qui demande aux voitures de filer droit

Le panneau qui demande aux voitures de filer droit est bien maladroit. A chaque fois que le vent lui tend le bras, le voilà qui danse le macumba !

Un petit Yacht Club

Un petit Yacht Club, deux petits Yacht Club, trois petits Yacht Club. Des petits Yacht Club partout. Même sans bateau !

Une ou deux gouttes sur le menton

Une ou deux gouttes sur le menton et sur le bas du pantalon. Attention, c'est parti ! Le vent rugit, s'engouffre dans les abris, et accorde ses violons sur le gazon. Peigné, balayé, soufflé. Le cadre est prêt. L'artiste entre en scène. A grosses gouttes, puis d'un trait, et enfin dans la fureur d'un bain de minuit. Vous voilà rincé. Pour la toute première fois. Mais pas pour la dernière. La saison ne fait que commencer. La pluie, ici, c'est tarif réduit. Pour tout le monde. Étudiants compris !

Il y a les immigrés qui ne savent pas très bien où aller

Il y a les immigrés qui ne savent pas très bien où aller, qui cherchent à se rencontrer. Il y a les intellos. Bien évidemment. Qui squattent tous les bureaux. Il y a les touristes à ordinateurs, qui comptent leurs heures. Il y a aussi des enfants. Mais chut ! Ils parlent fort, trop fort ! Et puis il y a les clodos. Qui, chantant en pissant et s'étalant en ronflant, viennent là se mettre à l'abri du vent. Vive les bibliothèques municipales !

C'est tout vu. Monsieur veut attirer l'attention

C'est tout vu. Monsieur veut attirer l'attention. Il voudrait qu'on le regarde, qu'on le considère, qu'on l'invite à prendre un dessert. Son livre grand ouvert, il se balance telle une pendulette et laisse ses tongs surfer sur la moquette. Il tourbillonne et papillonne, regarde à chaque instant son téléphone. La tête en l'air au milieu de ceux qui veulent bien faire, il cherche à fendre l'atmosphère. Quelqu'un s'approche, au loin. Enfin ! Il fait semblant de rien. Il sait qu'on a besoin de lui et il en a déjà le regard qui luit. Il est accueillant. Il explique qu'il a tout son temps, qu'il a fait ça avant. On l'imagine glisser entre deux mots: « C'est pas difficile, voilà l'astuce ». Oui, astucieux, il l'est, et il voudrait le claironner. Il faut réviser, mais lui préfère fanfaronner. Il quitte son siège, la bouteille à la main. Il se dirige vers un autre terrain. Il voudrait qu'on soit déjà demain.

D'un geste maîtrisé parce que répété

D'un geste maîtrisé parce que répété, elle tire, décale, secoue, tasse, remet droit les livres dans les rayons. Elle en pioche un sans hésitation. Mais pas par hasard. Le geste dépasse la pensée, mais il rejoint l'idée. Elle le dépose sur le haut du rayon. Il n'est pas protégé par une vitrine, mais on la devine. Le voilà mis en exposition. Elle fait trois pas en arrière, pose sa main sur sa hanche, penche légèrement la tête, et regarde l'ensemble de sa composition. Le nouveau livre s'insère-t-il bien ? N'est-il pas trop gros ? Quant au logo, est-il beau ? Il faut que cela attire, mais avant tout il faut que ça l'inspire. Après quelques instants, la décision tombe, elle quitte sa pose, reprend en main son chariot, et file déjà vers un autre rayon. Une autre destination.

Et si c'était lui qui avait raison ?

Et si c'était lui qui avait raison ? Avec son gros blouson en peau de mouton, son short à raz les jambons, et ses chaussures de navigation, il est prêt à sortir pour de bon.

Une véritable armada que l'empire chinois

Une véritable armada que l'empire chinois. Partout où il se déploie, un équipage se forme dans la foi. Personne ne reste sur le quai. Mais tout le monde passe par les cales sans couiner. Là, on s'agite, on sue, on obéit, on en oublie les jours et les nuits, on se découvre sans âme et sans esprit. On travaille quoi ! Et puis une échelle nous est lancée de l'au-delà. Pour progresser. On quitte les quartiers des matelots, pour redécouvrir en effet qu'il y en a qui puent des pieds, et qui refoulent du goulot. On s'installe dans son petit confort, dans une chambre coffre-fort. L'effort est récompensé et l'on peut commencer à compter. On ne sait plus très bien comment ça a commencé. Mais on a de quoi se la payer. Cette vie télévisée.

Ils nous font des signaux par les hublots

Ils nous font des signaux par les hublots. « Tout va bien, on se trémousse ! » Chaque petit îlot se laisse tranquillement bercer et s'agite dès qu'un plus gros approche. Au milieu de la baie, l'horizon est moissonné par des fanions des plus lointaines destinations.

C'est un beau petit quartier sans souci

C'est un beau petit quartier sans souci. On y promène son chien et l'on y taille ses haies le dimanche. On donne même quelques pièces à celui qui fait la manche, et puis vite on file chez le boulanger qui nous rappelle la Manche. Il n'y a pas à dire, ils ont quelque chose de plus nos Anglais, ces Français. Peut-être le café. Non, c'est un plus que ça. On dira ce qu'on voudra, c'est de leur culture qu'ils tirent leur aura. C'est une espèce de toison qui pousse on ne sait comment. Sans doute pas comme du gazon. Sinon, on en aurait à foison. Non, ce doit être dans leurs racines. Ils exhibent leurs monuments et leurs noms de savants, comme le plus beau des testaments. Un testament vivant. Alors, ce matin, comme si de rien, je me suis enquis des racines de ma ville. J'y ai trouvé quelques aventuriers, des écrivains exilés, des professeurs distingués. J'ai décidé de coller leurs noms sur leurs anciennes maisons. De mettre à jour leurs racines, pour nous rapprocher un peu plus du pays de Racine. Devenport.

Il saute du bateau et remonte l'embarcadère

Il saute du bateau et remonte l'embarcadère à toute vitesse. Il pose le pied à terre. C'est le premier. Il peut être fier. Un petit regard circulaire à l'assemblée. Puis il se pose dos au mur, et attend. Les passagers débarquent, ils ne seront toujours que les deuxièmes, les troisièmes et ainsi de suite. Il aperçoit sa grande sœur, et commence déjà à briser la vague des passagers, pour lui faire barrage. Il se faufile. Il arrive face à elle, tout joyeux de pouvoir l'embêter. Elle a l'habitude, elle s'en fiche, se déporte et passe à travers le filet. Elle manque de trébucher, mais ça n'a même pas l'air de l'ennuyer. Sa grand-mère suit. Le petit groupe se reforme. Tout le monde est de bonne humeur. Direction la maison. Une traversée en bateau, ça creuse !

C'est une mouette enragée

C'est une mouette enragée. Elle piaille avec autorité depuis la balustrade lustrée. Elle se tient prête et, aussitôt qu'une autre pointe le bout de son bec, elle fonce tête baissée. Elle trottine au triple trot le long du perchoir aux pigeons et s'en va défier les effrontées. Un vrai bras de fer, un vrai tournoi pour cet œil qui rougeoie, qui flamboie. C'est la panique dans le poulailler. Ça court et ça vole de tous côtés. Ça décampe vite fait. Une victoire claironnée à gorge déployée. La mouette est enfin seule. Mais bien accompagnée. Ce n'est pas une mouette, c'est un vrai coq. Un coq qui protège sa poule !

Chaque Anglais est tapi dans sa cabane

Chaque Anglais est tapi dans sa cabane, au milieu d'un petit bout de forêt aussi habilement reconstitué qu'un jardin japonais. Pour lui, c'est le confort, le vrai, celui d'un petit conte de fées. Le Français, lui n'en a jamais assez. Il veut posséder jusqu'à l'horizon, et tout arranger à sa façon, à la force de la seule raison. C'est sa façon à lui, bien particulière, de se sentir à la maison. Le Maori quant à lui s'ennuie de devoir rester dans son logis. Il préfère aux petits chaussons la compagnie de ses amis. Sous le soleil ou sous la pluie, il conduit. Là, c'est vrai, il sourit. Il rit même !

Elle était parfaitement intégrée au paysage

Elle était parfaitement intégrée au paysage. Pour quelqu'un qui vit loin, elle était cette habitante du quartier. La même aisance dans le pas, la même spontanéité dans la façon de parler. Mais non, elle n'habitait pas le quartier, elle rêvait même de tout quitter. Depuis qu'elle s'était installée, elle ne s'était jamais vraiment intégrée. Il y avait si peu à partager, ici, au milieu de ces imbéciles. Son pays lui manquait, elle se mettait à pester sur sa terre d'asile. En silence. Mais d'une violence telle que lorsqu'elle rencontrait un étranger, c'était comme si tout à coup quelqu'un lui permettait d'exploser en toute sécurité. Que ce soit un compatriote ou l'ennemi juré de sa lignée de patriotes, ils devenaient les meilleurs potes. Toutes les barrières tombaient. Elle se répandait en exaltations sur ses belles années telle la lave qui dévale le flanc du volcan en fusion. Mieux valait ne pas essayer de la raisonner. Elle vous aurait grillé puis avalé. Ç'aurait pu être troublant si ce n'avait été touchant. Rencontrer loin de sa contrée le plus commun des étrangers: celui qui vit dans le passé.

Avançant dans la prairie verdoyante

Avançant dans la prairie verdoyante dont il se détachait par sa toge orange, il multipliait les allers et retours entre le temple et les passants. Et chaque fois il disait bonjour de ses deux petits yeux bleus qui, au milieu d'un crâne rasé, perçaient aussi intensément que ceux de l'animal surpris dans l'obscurité. Vous pouviez l'ignorer, ou vous étonner, en tout cas vous auriez toujours la chance de vous en excuser. Il revenait, et cherchait le bon moyen d'entrer en communauté. Entouré de sa flamboyante solitude, il ne pensait qu'à exercer ce qu'il avait si souvent entraîné jusqu'à en abuser: son anglais. Il commença à observer, en étranger émerveillé, l'enfant qui se balançait sur la balustrade de l'édifice sacré. Et puis il ne put s'en empêcher. Il confia sa pensée. La discussion étant engagée il pouvait se libérer. Un simple accent fut suffisant, pour qu'aussitôt il parte dans cette vie qu'il avait quittée, raconter les yeux pétillants cette région où il avait habité. Sa nouvelle vie n'avait pas réussi à lui faire oublier son passé. En fait, celui-ci était désormais sublimé. Loin de vivre dans l'espérance, il se nourrissait du passé, et affrontait le jeûne avec sérénité.

Autour de la fontaine, il y a un couple d'amoureux

Autour de la fontaine, il y a un couple d'amoureux qui se laisse bercer par les flots. Il y a des enfants qui rêvent d'enlever leurs maillots et de construire un radeau. Il y a des amies qui viennent ici pour rire, rire jusqu'à en pleurer. Sans avoir peur de se tremper. Il y a des passants qui sortent leurs plus belles plumes de pan, espérant faire tourner les têtes de ceux qui n'ont d'yeux que pour les amoureux. Il y a des touristes perdus qui trouvent enfin le moment de marcher pieds nus. Il y a les habitués qui prennent le temps de regarder chaque nouveauté au point de les contempler. Il y a enfin deux étrangers assis là par hasard, et qui se croisent du regard. Ils devinent qu'ils se sont vus. Ils ne peuvent s'empêcher de recommencer, tout en voulant se cacher. Mais c'est fait. Les voilà prisonniers. Ils ne sont plus seuls. Ils sont reliés par cette toile invisible qui ne peut se briser que lorsque l'un des deux décidera de se lever. A moins que ce ne soit la destinée...

Jamie ! Jamie ! Look at me !

Jamie ! Jamie ! Look at me ! Ça crie, ça glousse, ça trépigne, ça fait le singe, mais rien à faire, la reine des primates *does not care*. Tranquillement installée devant la télé, elle nous montre son gros derrière. Ce n'est pas le cas des perroquets. Complètement destressés, au point d'en avoir oublié tout danger, ils refont leur mise en plis, en plume plus exactement. Les orang outangs sont absents et ce n'est pas en les appelant qu'ils feront un pas en avant. Les voilà cloisonnés pour un bon bout de temps. Du côté des caïmans, on joue les endormis, les gentils animaux de compagnie, mais on a l'œil qui luit. Lui, eh bien c'est l'éléphant, qui assurément rêve du retour de Tarzan. En attendant, il reste scotché comme un aimant. Il y a un peu de vent, et c'est tant mieux pour la lionne. Du haut de son rocher ensoleillé elle rappelle à tous les apprentis Bouglione que c'est elle la patronne. Il n'y a pas de patron. A la place du lion, il y a un cousin de toison. Qui tourne en rond. Le tigre.

C'est l'une de ces petites gargotes

C'est l'une de ces petites gargotes dans lesquelles on rentre, sans peur de se ruiner. Un comptoir déglingué qui étale ses produits frais. Une cuisinière un peu décoiffée d'avoir déjà beaucoup travaillé. Un vrai plat cuisiné en échange de quelques billets sales. Direction la salle, le couloir, en fait le trottoir. Sous les néons, la tête au vent, on se sent léger comme un papillon. On est heureux d'avoir trouvé ce relais sans destination. La moto démarre, vous enfume un peu. On peut manger heureux.

Il n'y a pas un chat à la sortie de l'autoroute

Il n'y a pas un chat à la sortie de l'autoroute. La voiture pourrait donc passer et suivre sa route. Mais elle se l'interdit. Le bonhomme vert lui fait craindre le délit. On s'approche, et on s'apprête à traverser, se sentant en sécurité. Mais le bonhomme vert devient rouge de colère et clignote déjà sur le réverbère. On force le pas. Mais la voiture est déjà là qui rugit, prête à vous envoyer au Paradis. La loi c'est la loi. Mais ne demandez pas aux conducteurs d'être courtois. Ici, connaît pas !

Votre pas s'est habitué à cette terre quadrillée

Votre pas s'est habitué à cette terre quadrillée, à ces trottoirs réguliers qu'aucune branche ou racine ne vient chahuter, où les orifices sont aussitôt rebouchés. Vous êtes conditionné. Impossible d'oublier ces grandes allées qui vous offrent de marcher la tête haute en laissant aller vos pieds. Mais, à l'étranger, c'est vite fait. Quand ce ne sont pas vos semelles qui ripent le sol à la première irrégularité, c'est le trottoir lui-même qui s'amuse à vous faire un croche-pieds. Vous voilà vacillant, hésitant, sautillant, plutôt qu'avançant. Il faut avoir le pied un peu plus léger, savoir évoluer d'un équilibre supérieur. Vous n'êtes plus en terre d'ingénieurs.

Un golf déserté

Un golf déserté, surtout lorsqu'il est haut perché, en avant de la vallée et en contrefort de la marée, c'est un espace protégé. A la tombée de la nuit, on entend ici et là des *cui cui*. Pas un ne se perd. Il y a le coucou répétitif de l'oiseau de terre, les piaillements des oiseaux de mer, et les sifflements de quelques compères.

En Alsace on ne s'en étonne plus

En Alsace on ne s'en étonne plus, on ne s'en étonne pas. Mais à des milliers de kilomètres de là, ça retourne presque l'estomac. Partout, des monuments aux morts dédiés aux soldats morts au combat. Avec des noms que ça n'aurait pas dû concerner, que ça ne concerne pas.

A un moment, il faut s'arrêter et retirer ses lunettes de soleil

A un moment, il faut s'arrêter et retirer ses lunettes de soleil. Surtout quand ce dernier fait miroiter ses reflets. C'est le seul moyen d'identifier la nouveauté, de s'émerveiller pour de vrai. De ne pas seulement avoir l'impression de voyager pour pouvoir raconter et comparer, mais découvrir ce qui se cache derrière la beauté. Le sentiment esthétique s'évapore et laisse la place à l'expérience du corps.

Dans cette anse, le sable chante

Dans cette anse, le sable chante quand on danse.
Une belle façon d'être accompagné sur cette étendue
à la Robinson Crusoé.

Une sculpture d'oiseau sur un poteau

Une sculpture d'oiseau sur un poteau, et puis tout en haut un véritable oiseau. Qui s'est posé. Joue à l'antenne relais.

De la brume à l'horizon qui piège l'hydravion

De la brume à l'horizon qui piège l'hydravion. Des rayons qui le libèrent progressivement de sa prison. Lui et ses compagnons. Des cygnes à foison. Des cygnes noirs comme le charbon.

Elle est accroupie et tape des mains

Elle est accroupie et tape des mains pour attirer les cygnes noirs. Les cheveux blancs et le manteau rouge, elle sera parfaite dans un cadre noir. Son mari ne peut s'empêcher de la photographier, de la sublimer. Les voilà de nouveau fiancés.

Les plus petits s'amusent

Les plus petits s'amusent, vont et viennent autour du centre de l'animation. La plus grande s'affaire avec discrétion. Elle ramasse de grandes poignées pour maintenir le foyer. Le père intervient de temps en temps alimentant d'un grand coup la machine infernale. Les deux plus petits restent fascinés autour des flammes, et multiplient les expériences le regard brillant. Le feu, pour eux, est quelque chose d'étonnant. Détonant.

Voilà un bras dans lequel on ne mettrait pas le bout des pieds

Voilà un bras dans lequel on ne mettrait pas le bout des pieds. Ce n'est pas une marre aux canards, ni un miroir aux alouettes, mais la toilette des mouettes. Une petite flaque en bord de mer, à l'abri des courants d'air. Un vrai bonheur en miniature où une douzaine de petites créatures s'ébattent joyeusement à l'écart des voitures. Il n'y a pas grand monde près du camp, et elles peuvent oublier les passants, s'astiquant, sautillant, se débattant, virevoltant, et cela dans un silence perçant. Un petit jardin japonais improvisé avec ses petites ondes fécondes.

La jeunesse de Wellington

La jeunesse de Wellington joue les Paris Hilton. Elle aimerait tant croquer la Grosse Pomme. Elle se la joue *fashion*, rien ne l'étonne. Mais il y a une chose qui détone: elle reste mignonne.

Monsieur n'est pas une femme

Monsieur n'est pas une femme. A son âge, avec ses cheveux blancs, ce serait infâme. Pourtant, il se lève et quitte sa table d'un bond de sauterelle. Évite chaque table d'un triple axel. C'est vrai que ç'aurait pu être elle. Il lui manque juste la culotte en dentelle. Mais, qui sait ?

Vwouf Vwouf

Vwouf Vwouf. Un souffle qui vous aspire. Tout juste le temps de relever le nez pour l'éviter: voici un sportif qui ne manque pas de passion. Le voilà qui pratique le planté du bâton sur l'esplanade de béton ! Vwouf Vwouf.

Ça y est, le signal est donné

Ça y est, le signal est donné. Quelques baies vitrées qui surplombent la baie s'amusent à clignoter au rythme des derniers rayons de la journée. Feu vert est donné au vert pour reprendre ses droits sur le bleu océan. A l'horizon, le géant est déjà là qui déploie son grand trou béant, et enflamme les nuages d'un rose flamand. Une dernière brume pastelle, quelques lumières artificielles, puis un bouquet d'étincelles. Il est à nouveau temps d'ouvrir le livre des merveilles. Le ciel.

Un petit pré pas carré, vert de chez vert

Un petit pré pas carré, vert de chez vert, mais d'un vert urbain. Avec un reflet argenté, et une odeur de fumée. Juste un espace jeté au centre des montagnes vitrées. Un point de repère. Le vert.

On ne peut la manquer

On ne peut la manquer, et c'est bien là sa fonction. Il faut qu'on la repère comme sa propre maison, qu'elle résonne au loin de ses traditions. Elle est tout sauf un exercice de la raison ou de l'imagination. Voilà pourquoi lorsque vous y mettez les pieds, vous n'avez qu'une envie, c'est prendre le thé. Certainement pas envie de téléphoner. La cabine anglaise n'est pas française !

Une batterie de ferrys

Une batterie de ferrys au bout du pont, un petit train qui tourne en rond, quelques vieux camions, et un hydravion. Picton.

Une caisse rouge

Une caisse rouge en suspension au bras blanc d'une grue bleue sur un océan vert donnent au bateau la couleur noire du soir. Signe d'espoir !

Elle est arrivée sur la pointe des pieds

Elle est arrivée sur la pointe des pieds, sautillant, a descendu l'escalier, s'est déchaussée, et a laissé traîner son pied dans le sable chaud de l'été. Instinctivement, elle a tracé le sillon jusqu'à son compagnon. Un trait d'union.

Ce ne sont pas quelques bûches amoncelées

Ce ne sont pas quelques bûches amoncelées au fond du jardin. C'est toute une haie de bois découpée, taillée avec une rigueur désespérée. Derrière chaque bûche ne se cache pas le feu de cheminée. On y devine plutôt la lave en fusion d'un homme rangé, condamné aux travaux de la maison.

Des moteurs de tondeuse

Des moteurs de tondeuse, de vraies lessiveuses qui jouent aux visiteuses, et déchargent sur la plage leur livraison, s'en vont, pour une autre moisson de touristes en quête de sensations à réaction.

Les jeunes Français que l'on croise en randonnée

Les jeunes Français que l'on croise en randonnée ne pensent qu'au Ché, et s'imaginent que c'est la seule façon de voyager. C'est oublier les Américains qui se sentent très bien avec quelques dollars en main, les Québécois qui se demandent pourquoi ils vivent dans un pays si froid, ou les Allemands qui, au contact des éléments, tranchent le silence d'un rire franc.

L'intrus joue aux touristes perdus

L'intrus joue aux touristes perdus. Avec un grand sourire, il demande son chemin, vous salue. Mais à peine a-t-il disparu que le voilà revenu. Avec une idée malhonnête. D'un pas svelte, il entre, grimpe, inspecte. Il hésite, se demande si ça vaut le coup, puis revient à la charge d'un coup. Il vous pique de questions, et recharge ses munitions, prêt à enfreindre l'interdiction. Il veut trouver refuge sans payer. Il est décidé. Mais on entend déjà le moteur du garde-forêt qui a fini sa journée.

Ce n'était pas un au revoir

Ce n'était pas un au revoir, c'était un adieu chaleureux. Celui qu'on réserve aux grands aventuriers, quand ils quittent la plage de sable dorée. Des inconnus qu'on aura conquis par le jeu, et qui vous saluent au loin comme un lointain cousin, le membre vivant de la plus mystérieuse des tribus. Celle des enfants.

Deux touristes qui jouent aux habitués

Deux touristes qui jouent aux habitués. Vêtus de polaires colorées qui indiquent qu'ils sont en haleine, ils veulent en savoir plus sur les baleines. Ils discutent avec la serveuse, qui répond entre deux bouchées de pizza, qu'elle avale vite fait en guise de dîner razzia. Elle décroche le téléphone, appelle une amie, joue aux guides touristiques, se met en quête de sorties fantastiques. Un habitué, un vrai pilier, sort des toilettes et s'excuse de vous prendre la salière. Il saupoudre la paume de sa main, et la lèche d'un coup. D'un pas lent et assuré, de celui du marin en pleine tempête, il rejoint son copain. Un bonnet de laine rouge aux cheveux blancs éclate de rire, et laisse jaillir son ultime dent !

Une entrée surchargée

Une entrée surchargée, nécessairement ombragée, un guichet dépareillé en quête de passagers, une salle d'affamés transformée en salon télé. Inutile d'avoir décoré de mille objets, d'avoir bariolé la cuisine de rouge et de violet. L'aventure a quitté les lieux. Elle est à mille lieues.

Que l'on suive la *red* carpette

Que l'on suive la *red* carpette ou que l'on arpente la dernière des goélettes, on est dans tous les bâtiments du gouvernement accueilli en grand. Les bras ouverts, on vous offre de visiter les appartements des Chefs du Parlement, la cabine du Commandant, et même les réserves aux armements. Le matelot est posté sur son îlot, prêt à vous confier un bon tuyau. Il n'y a rien de vraiment stratégique quand c'est chose publique. Et c'est ce qui rend ce pays si magique ! Démocratique.

Tout laisse croire qu'il a coupé les ponts

Tout laisse croire qu'il a coupé les ponts. Il a les cheveux longs et tourne le dos à ceux qui tournent en rond. Pourtant, sous son pont, il écoute attentivement ce que dit le chef du gouvernement. C'est comme s'il attendait le débarquement !

Ce sont de jolis petits jardins

Ce sont de jolis petits jardins, plantés au beau milieu de la Cité aux grands C, de petits refuges pour se ressourcer où l'on reste même pour pique-niquer, et s'amuser. Mais il n'y a rien à faire, quand on a vécu sous la couronne de l'Angleterre, on ne peut se résoudre à finir au cimetière. On veut laisser une trace. Sur le parvis de la place, ici et là sur le plancher des vaches: des noms qui réclament l'attention des nouvelles générations. On aimerait que ceux qui entament leur traversée marchent pas à pas, en pensant à grand'ma, à beau papa. Ce n'est pas une colonisation, c'est une transmission.

Try to defeat Nature !

« Try to defeat Nature ! We never win... » Une grand-mère est de sortie avec ses petits enfants. Plutôt que de s'installer sur la plage et de les laisser jouer, elle se transforme en aventurière et leur apprend à construire un barrage sur la rivière. Une façon vivante de passer la journée et, de construire des souvenirs qui, eux, résisteront au cours du temps.

Au milieu d'une allée de géants

Au milieu d'une allée de géants, dans l'ombre de leur majesté, un arbuste. Moins robuste que ses aînés, il paraît étouffé. C'est l'arbre de paix. Planté vingt ans plus tôt, il reste bien fragile. Le berceau des berceaux.

Mona Lisa en aurait sûrement rêvé

Mona Lisa en aurait sûrement rêvé. D'ailleurs n'est-ce pas le fond de sa pensée ? Mona Vale.

C'est une route dérobée qui s'ouvre en croix

C'est une route dérobée qui s'ouvre en croix pour ceux qui ne savent pas si Sumner est vraiment la destination de leur choix. Une route qui annonce une baie et qui, entre deux lacets, offre de s'envoler. Une voile indigo couvre et découvre le paysage vert primaire. Une plume se laisse doucement guidée par un poids plomb qui cherche tantôt un petit tourbillon tantôt le grand frisson. L'endroit est dédié à la lévitation. Celui qui se glisse dans une conversation aura alors la curieuse impression d'entrer en méditation.

C'est un bleu verdoyant que seul peut prendre l'océan

C'est un bleu verdoyant que seul peut prendre l'océan lorsqu'il se glisse et s'étend dans ces vallées fières d'avoir défié le temps. Une sorte de bleu arctique qui s'invite sur les côtes du Pacifique.

C'est une course contre le temps

C'est une course contre le temps qu'elles affrontent en couple le plus souvent. Au soleil levant, et avec la ferme intention de remplir leur emploi du temps, celles qui ont passé l'âge de gagner de l'argent arpentent le Parc en trottinant. Quelques heures plus tard et après le passage furtif des étudiants, le parc accueille à bras ouverts les enfants qui courent au devant de leurs Maman. Avec un sourire qui ignore tout des dangers des plus grands, ils partent à la rencontre de ses habitants. Rien de bien effrayant. Les petites bêtes savent au demeurant que cela ne durera qu'un temps. Un beau jour sûrement, tous ces petits garnements leur passeront devant en courant et en transpirant, avec le seul espoir de se sentir vivant, de repousser l'heure du soleil couchant.

Esméralda n'est pas là

Esméralda n'est pas là, mais l'esprit est bien là ! A la croisée de toutes les voies, quelques petites voix et, tout à coup, de grands rires aux éclats. L'acrobate monte l'échelle quatre à quatre, lance ses battes, laisse échapper une grosse gaffe, et aussitôt on s'esclaffe. Un premier cercle d'attendris pose ses bagages, tandis que les jeunes aventuriers se laissent aimanter. Une place qui rayonne de joie, de quelques troubadours et musiciens du bonheur, qui s'essaient à attirer la clameur, et plus encore à respirer de tout cœur. Quelle allégresse que ces fillettes qui s'envolent au rythme des claquettes. Quelle belle promesse que ces gamins assis qui les admirent d'un œil plein d'envie. Il y a vraiment un goût pour la vie sur cette place que surplombent les palaces. Une vie qui bat sous le regard bienveillant d'un morceau d'Antan et d'Occident qui rend tout le monde croyant. La cathédrale.

C'est un voyageur qui a travaillé

C'est un voyageur qui a travaillé. Beaucoup travaillé. A tel point qu'il en a rêvé. Ce voyage à l'autre bout du monde, cette dernière étape avant de rejoindre l'autre monde. Le grand jour est finalement arrivé, et il a quitté sa contrée, en quête des merveilles du monde. Rien d'immonde ne pouvait l'empêcher de s'émerveiller. Il est arrivé et a beaucoup photographié, avant de se poser sur la place du marché pour confronter le rêve à la réalité. Au milieu du monde, il se sent comme un étranger. Ici comme ailleurs se bâtit un nouveau monde qu'il n'a pas imaginé. Il décide alors de rentrer dans son pays, avec la sérénité de celui qui sait que dans quelques temps s'ouvrira les portes du monde qu'il attendait. Un retraité japonais.

Une voiture de filles rouge pimpante

Une voiture de filles rouge pimpante avec deux pipelettes aux manettes. On entend des rires par la fenêtre qui résonnent de mille historiettes tandis que le paysage défile. Et là, derrière, qui les file, une voiture de garçons. Les lunettes sur le menton et la radio à fond les ballons, ils tournent en rond sans destination.

Les cravates sont rares et pourtant

Les cravates sont rares et pourtant ce sont des funérailles. De toutes les directions affluent les mauvais garçons pour une ultime concentration. Voilà bien la plus grande manifestation qu'aura connu le quartier. C'est que pour les motards comme pour les routiers, l'amitié c'est sacré. Le seul point de repère pour celui qui passe sa vie à rouler et à boire des mousses. Bière qui roule...

Pas besoin d'ecstasy pour cette party

Pas besoin d'ecstasy pour cette party. Qu'elle vous prenne au milieu d'un rêve ou vous emporte comme une grosse wave, la terre party fait trembler tous les nids. Soudain, les grands comme les petits cessent de faire cui cui. Toute idée s'envole. Le vide jaillit de l'écorce terrestre en une fraction de seconde, et inonde tout le monde.

Ce sont de grandes surfaces

Ce sont de grandes surfaces. En apparence. Car ce sont encore des commerces de proximité. Arborant fièrement le nom de leurs créateurs, les enseignes gardent une couleur locale qui s'évaporera lorsque l'ambition se fera plus globale.

Oh, really ?!

Oh, really ?! Voici de quoi mettre un Français en appétit, de quoi lui donner envie de se confier sur le lit. Mais c'est se tromper sur ce « really ». Juste une façon d'être poli. Qui déploie l'imagination des pauvres Frenchies, peu habitués à ce qu'on leur demande leur avis. Qui s'imaginent avoir trouvé un ami. Et s'aperçoivent au bout de cinq minutes qu'ils ennuient...

Un repas pris sur le bout des doigts

Un repas pris sur le bout des doigts en n'importe quel endroit. Des supermarchés qui ouvrent leurs portes sans discontinuer, le matin, le midi, à l'heure du dîner, y compris le dimanche et les jours fériés. Une vraie facilité pour une société réglée sur ses propres impulsions, ses moindres convulsions. Pas étonnant que la religion trace son sillon dans le cœur de ces papillons. Elle rythme par ses rites ce qu'ailleurs on hérite : ces petits instants de communion qu'on appelle repas à la maison.

A Oamaru, il y a des maisons en pierre

A Oamaru, il y a des maisons en pierre, de cette pierre blanche et robuste qui rappelle la Touraine. Et il y a un temple franc-maçon. Deux éléments qui distinguent cette ville d'une autre. Hormis sa colonie de pingouins.

L'étendue vert clair se déploie

L'étendue vert clair se déploie sur une aire qui
plonge dans l'horizon de la mer. Si bien qu'avec un
petit bâton ou même un ballon, on se prend aussitôt
pour le maître de l'univers. Celui qui joue avec les
lois de la gravitation. Les lois de l'infinie
navigation.

Une matinée d'été à Dunedin

Une matinée d'été à Dunedin commence dans une grande bouffée d'air chaud. A défaut de pains au chocolat au réveil, l'énorme four révèle son paysage de merveilles. Une vue plongeante sur la baie, immobilisée dans sa beauté. Quelques nuages qui se dessinent et défilent au rythme lent d'un vent presque absent. Idéal pour quitter la chambre d'une reine, et escalader High Street. Dehors, deux garçons s'amusent, suspendus au balcon d'une maison victorienne en attendant leurs parents encore pris par le sommeil. Un homme s'éveille et s'émerveille. Il lave ses voitures légèrement saupoudrées dans la rue ensoleillée. Une côte qui grimpe et vous transporte dans un jardin public, vide, et pourtant rempli des regards de ceux qui se lèvent. Un quartier qui, à travers ses grandes baies vitrées, contemple la nouvelle journée. Pas de quoi écrire ? Il suffit d'aller faire un tour chez l'épicier qui travaille Night n'Day. Aussitôt interpellé, il offre de vous dépanner en vous souhaitant une bonne journée. Décidément, on se lève de bon pied dans cette charmante cité.

Un cap sans horizon

Un cap sans horizon, ce n'est pas tout à fait une preuve pour la raison. Il faut au contraire de l'imagination. Fendre la tempête, et apercevoir les blancs territoires de la conquête. De petites scénettes que l'on se projette, des pionniers en raquettes, des igloos en autarcie complète. Au milieu des pingouins. Au loin. Très loin. A une portée de main. Le plus court chemin.

1h30 c'est plutôt court

1h30 c'est plutôt court. Alors autant en profiter à fond. A peine le pied sur le pont et déjà un grand sourire pour la photo. Dedans, le groupe aux casquettes déballe déjà les assiettes. Le lunch est prêt, pas question de manquer un repas. Pas pour ça. Une croisière téléguidée au milieu des montagnes arrosées, quelques détours dans les *waterfalls* infernales, une douche bien méritée pour quelques marins endiablés. Une photo, une autre, peu importe, on triera après. Ça n'impressionne pas les enfants. Les haut-parleurs ont beau les tirer de leur digestion et du petit ronron, ils sont là attablés en bande, concentrés, les yeux sur leurs écrans. En quête d'une autre réalité. Autrement merveilleuse. Comme si un voyage au bout du monde ne leur en mettait pas plein les yeux.

Une ville dont tout le monde parle

Une ville dont tout le monde parle, mais où l'on hésite à se mettre à table. Et puis, au crépuscule, sur la jetée, une bande de saltimbanques déjantés, avec une pancarte: « Ninjas killed my family. Need money for taking karate lessons ». On éclate de rire. D'un rire gourmand, évidemment !

Le citadin jardine

Le citadin jardine et se détend, met sa raison en jachère. Le campagnard redessine la frontière de l'humanité, pour ne pas finir fossilisé.

Un tour de repérage à Fox Glacier

Un tour de repérage à Fox Glacier pour voir le monstre sacré, et savoir pour demain, à quelle heure taper des mains. Et puis, au détour du parcours, de petites détonations, comme des tirs de canons. Ce n'est pas l'anse des pirates, c'est juste la glace. L'antre se désagrège lentement, par petits morceaux, puis, lorsque la fente a fissuré la coque du vaisseau, ça part d'un coup. La paroi se détache d'un pan, et tranchant l'espace vide, va s'écraser sur le tapis blanc. Ce n'est qu'une affaire de secondes pour que la montagne gronde. Quelques secondes pour tailler le son au plus grand. Et tout à coup, c'est le grand Pan !

Juste en bord de mer

Juste en bord de mer, juste en ramassant des débris par terre, quelqu'un a décidé de planter un monde enchanté au beau milieu de la réalité bleutée. Avec quelques brindilles, il a donné vie à Robinson et à Vendredi, a fabriqué des machines à la Léonard de Vinci. Un univers de bois mort plein de vie. Un joyeux fouillis, un merveilleux nid, une vision comme une autre du Paradis.

Encore un village de western

Encore un village de western, avec sa grande rue, son décor nu, sa station service, et son vendeur de dentifrice. Une bourgade que l'on traverse au pas pour mieux s'en aller au galop. Et puis un écho, une sorte de fausse note, quelque chose qui dénote. Une fumée qui vous prend au nez, une odeur de saucisse grillée, une raison de ralentir ou même de s'arrêter. Des centaines de destriers bien alignés, accrochés à l'ombre d'un arbre, au frais, posés par mégarde, sans vraiment être abandonnés. Des vélos, une foule de vélos, une vraie concentration de maillots jaunes, avec ses odeurs de sueur, et ses amateurs de p'tit jaune. C'est la fin, tout le monde s'assoit par terre, sur la pelouse ou dans la poussière, avec belles mères et épouses. Autour de la tente, de la grande tente, du tepee. Ici aussi, les cow boys ont vaincu et les Indiens ont conquis.

Une route creusée qui serpente comme une amante

Une route creusée qui serpente comme une amante, une eau magnifique couleur menthe, un vrai paysage de film fantastique. On lui passerait bien l'anneau, on construirait bien un radeau, pour se laisser embarquer, emporter vers un autre horizon. Et puis c'est l'Afrique, une savane, une route à dos d'âne, un horizon de calme et quelques palmes. Quelques palmes qui se laissent bercer par un courant d'air redessinant les frontières. Mais déjà on a franchi la douane, on aperçoit une cabane, au fond, bien au fond de l'épaisse végétation, de ses ombres et de sa pénombre. Le Canada n'est pas loin, un Iroquois s'en ferait presque témoin. Quoi ? Nous voilà déjà à un autre endroit. A portée d'une grande plage accueillante, qui grignote des collines verdoyantes et luxuriantes. Avec juste en face, quelques îles rochers qui jouent aux vaisseaux pirates. Une carte postale brésilienne. Décidément, cette île fait des siennes. Quelle sirène ! On aurait presque oublié ses rochers rosés, ses prairies de sel balayées, son charme écossais. Mais c'est ainsi ici. Faire le tour de l'île, c'est faire le tour du monde. Dieu   merci   !

Table des matières

www.ingramcontent.com/pod-product-compliance
Lightning Source LLC
Chambersburg PA
CBHW062113040426
42337CB00042B/2060